»Wie viel wärmer ist 1 Grad?« im Unterricht

INHALTSANGABE

U.1

Die globale Erwärmung und der Klimawandel sind Themen der aktuellen gesellschaftlichen und politischen Diskussion, nicht zuletzt weil sich Sommerhitze und milde Winter in Europa häufen.

In Scharmacher-Schreibers Sachbilderbuch »Wie viel wärmer ist 1 Grad?« geht es um den Klimawandel und seine Auswirkungen. Durch den Klimawandel schmelzen Gletscher ab, extreme Wetterphänomene häufen sich, Dürren und Überschwemmungen bedrohen ganze Landstriche. Die Industrie- und Entwicklungsländer suchen nach gemeinsamen Strategien gegen diese Bedrohung.

Kristina Scharmacher-Schreiber stellt in ihrem Buch die zentralen Fragen: Was bedeutet »Klima« bzw. »Klimawandel«? Welcher Zusammenhang besteht zwischen menschlichem Handeln und der Veränderung des Klimas? Wie konnte es zum Klimawandel kommen? Ist die Erderwärmung noch zu stoppen? Welche Lösungsansätze gibt es und was kann jede und jeder Einzelne tun?

Der Klimawandel ist komplex, und um Kindern dieses Phänomen altersgemäß zu vermitteln, nähert sich die Autorin dem Thema schrittweise an. Zunächst wird geklärt, was unter dem Begriff Klima zu verstehen ist. Mithilfe von Illustrationen und erläuternden Grafiken werden die Erderwärmung und der Unterschied zwischen Wetter und Klima anschaulich gemacht und auch die Begriffe Atmosphäre und Treibhauseffekt erklärt.

Ausführlich lernt man anschließend die verschiedenen Klimazonen der Erde mit ihren jeweiligen Besonderheiten kennen. Bereits durch das Ende der Urzeit und der Dinosaurier ist uns bewusst, dass es immer wieder wärmere und kältere Perioden in der Erdgeschichte gab. Allerdings gab es bis dato keinen so raschen Wandel, der nicht auf eine Naturkatastrophe (wie z. B. einen Vulkanausbruch) zurückzuführen ist, sondern der von Menschen angetrieben wurde.

Die Autorin erklärt, inwiefern Menschen dafür verantwortlich sind, dass der Treibhauseffekt in solchem Maße zugenommen und somit zum Klimawandel geführt hat. Die Industrie und unsere Fortbewegungsmittel tragen ihren Teil zum Treibauseffekt bei. Die Leser:innen begreifen rasch, dass die Produktion eines Kilogramms Fleisch für den Ausstoß von wesentlich mehr Treibhausgasen verantwortlich ist als der Anbau eines Kilogramms Gemüse. Die Autorin macht hier auch Vorschläge, wie Verbraucher:innen ihr Verhalten verbessern können: indem sie z. B. regional und saisonal einkaufen und den Fleischkonsum einschränken oder auf Fleisch verzichten.

Gegen Ende des Buchs verdeutlicht die Autorin, wie sich der Klimawandel auf verschiedene Regionen der Erde auswirkt. Durch die Erderwärmung gibt es immer mehr extreme Wetterphänomene und Naturkatastrophen. Dadurch schmelzen z. B. unsere Gletscher und Lebensräume verändern sich. Letztendlich begreift man, dass nur ein Zusammenspiel von vielen Faktoren den Wandel verzögern oder stoppen kann. Jeder Einzelne kann sein Verhalten ändern und seinen ökologischen Fußabdruck kleiner werden lassen. Politiker:innen und Unternehmen müssen reagieren und Wissenschaftler:innen weiter an Lösungen arbeiten. Beeindruckt begreift man nach der Lektüre, dass der Klimawandel das Produkt einer gewaltigen Kettenreaktion ist, die an verschiedenen Stellen ausgelöst wurde.

Das Buch kann durchaus bereits mit einer ersten Klasse gelesen werden, wobei für die jüngeren Schüler:innen unter Umständen noch einige Sachverhalte erklärt werden müssen. Für etwas größere Kinder, die gern beim Thema »Fridays for Future« mitreden möchten, ist es eine informative Lektüre, die verdeutlicht, wie alles miteinander zusammenhängt. Das Buch wurde auf 100 % Recyclingpapier gedruckt und enthält ausschließlich mineralölfreie Druckfarben.

SACHTHEMEN IM BUCH UND IDEEN FÜR DEN UNTERRICHT

»Der Klimawandel und seine Folgen« ist ein komplexes Thema mit einer erheblichen Relevanz für die zukünftige Lebensqualität auf unserer Erde. Es hat vor dem Hintergrund der Bildung zur nachhaltigen Entwicklung (BNE) eine besondere Bedeutung für den Sachunterricht der Grundschule. Die ökologische Nachhaltigkeit, bei der es darum geht, Ressourcen zu schonen und Umweltbelastungen zu minimieren, sodass die Erde nachfolgenden Generationen erhalten bleibt, steht hierbei im Fokus.

Thematisiert werden im vorliegenden Sachbilderbuch verschiedene Aspekte rund um den Klimawandel. Zu finden sind die Themen:

1. Klima: Was ist das überhaupt? (S. 6–33)
2. Treibhauseffekt (S. 34–59): Wie entsteht er? Einflüsse auf den Treibhauseffekt durch:
   - Umweltkatastrophen
   - Industrie
   - Konsum (globale Produktionsketten) und Müll
   - Verkehr
   - Energie im Haushalt
   - Tierhaltung
   - weite Transportwege von Obst und Gemüse
   - zunehmende Bevölkerungsdichte
3. Erderwärmung und Folgen des Klimawandels (S. 60–77):
   - Wetterextreme
   - Abschmelzen der Gletscher und Polkappen
   - Anstieg des Meeresspiegels
   - Wüstenbildung
   - Klimaflüchtlinge
4. Lösungen in der Klimapolitik (S. 78–87):
   - Pariser Abkommen
   - alternative Energien
   - klimafreundliche Fahrzeuge
   - eigenes Konsumverhalten überdenken
   - politisches Engagement (Greenpeace, Fridays for Future ...)
5. Klimawandel und seine Auswirkungen / Handlungsalternativen (S. 88–93):
   - ökologischen Fußabdruck verkleinern
   - Zukunftsideen entwickeln und umdenken lernen

Die Themen lassen sich gut als Unterrichtsreihe oder Projektwoche im Rahmen des Sachunterrichts einsetzen. Im Anschluss an eine Unterrichtseinheit zu diesem Thema bietet es sich an, gemeinsam mit den Schüler:innen nach Lösungen zu suchen, um den Klimawandel zu stoppen und alternative Handlungsmöglichkeiten im Alltag zukünftig auch in den Unterrichtsalltag zu integrieren.

Vorschläge für eine Unterrichtseinheit

Einstieg ins Thema

... **über das Sachbilderbuch und auch andere Bücher zum Thema:** Erstellen Sie einen Informations- und Ausstellungstisch mit Büchern zum Thema.

... **über ein Video:** Schauen Sie mit den Schüler:innen ein Video zum Thema an.

... **über eine Teamaufgabe:** Die Schüler:innen haben die Aufgabe, in Teams Plakate zum Thema zu erstellen und diese den anderen vorzustellen.

Projektideen für ein umweltfreundliches Klassenzimmer

Mit einem Projekt können Sie gemeinsam mit den Schüler:innen nach Möglichkeiten suchen, umweltbewusster zu leben und z. B. ein umweltfreundliches Klassenzimmer zu gestalten. Beispielsweise könnten die Schulmaterialien entsprechend eingekauft werden: Ordner, Hefte und Umschläge aus Pappe, Mäppchen aus Leder oder Baumwolle und ein Lineal aus Holz. Des Weiteren könnte man auf den Verbrauch von Strom und Wasser im Klassenzimmer achten und nach Ideen suchen, um Energie zu sparen.

Weiterführende Ideen

- Aktionstage: »Mit dem Fahrrad oder zu Fuß zur Schule«
- Internetseiten mit den Kindern besuchen (z. B. https://naturdetektive.bfn.de)
- Projektwoche: eigene Wetterbeobachtung dokumentieren
- Experiment zum Treibhauseffekt
- Experiment zur Eisschmelze
- Klima-Quiz: Die Kinder testen ihr Wissen
- Informationskampagne an der Schule

Philosophieren mit Kindern: Wie wird sich durch den Klimawandel die Welt verändern?

Nach dem gemeinsamen Lesen des Sachbilderbuchs könnte ein philosophisches Gespräch zum Thema »Was bedeutet die veränderte Welt für uns?« stattfinden. Zur Anregung und um ins Gespräch zu kommen, könnte man folgende Impulsfragen stellen:

- Was bedeutet es für die Welt, wenn wir nicht auf sie achten?
- Der Klimawandel zerstört unsere Welt, warum?
- Wie geht es dir bei dieser Vorstellung?
- Warum schaffen wir es bisher nicht, den Klimawandel zu stoppen?

LITERARISCHE ASPEKTE UND IDEEN FÜR DEN UNTERRICHT

Die Bandbreite an Aspekten, die die Autorin zum Thema »Klimawandel« in den Blick nimmt, ist groß. Sie reicht von historischen, meteorologischen und geologischen Erklärungen bis hin zu individuellen Tipps.

Das Buch regt zum Nach- und Umdenken an. Je mehr wir über den Klimawandel wissen, umso besser können wir uns anpassen und reagieren. Die Autorin verzichtet auf narrative oder gar fiktionale Elemente und das Wissen wird systematisch und nach steigendem Schwierigkeitsgrad gegliedert.

Auf jeder Seite findet sich ein informativer Text zu einem Unterthema, z. B. »Zu Hause braucht man ständig Energie« (S. 50/51). Die einzelnen Themenabschnitte sind in sich geschlossen und können gut portioniert im Unterricht behandelt werden. Die Texte sind für Kinder gut verständlich geschrieben. Sie werden durch Sprechblasen und Beschriftungen zu komplexeren Sachverhalten und Fachbegriffen aufgelockert.

Für das Buch sind mehrdimensionale Zugangsperspektiven möglich. Entsprechend eignen sich die Texte für eine Leser- und Zuhörerschaft aller Altersstufen.

Sachtexte müssen von Leser:innen anders gelesen werden als fiktionale Texte. Sie haben im Gegensatz zu Erzähltexten einen deskriptiven und analytischen Charakter. Sie sind linear konzipiert und dienen der Informationsvermittlung. Das Lesen von Fachtexten ist für junge Leser:innen gar nicht so einfach. Die Texte sind zwar kurz, aber spezifische Schwierigkeiten liegen auf verschiedenen sprachlichen Strukturen. Fachtermini und eine Fachsprache sind wesentlicher Bestandteil. Des Weiteren lassen sich zahlreiche Komposita finden, die nicht immer gleich verstanden werden können. Kristina Scharmacher-Schreiber verzichtet in ihren kindgerechten Sachtexten auf lange und verschachtelte Sätze. Schwierigkeiten könnten sich für die Kinder ergeben, da sie den logisch-inhaltlichen Zusammenhang aufgrund der ihnen fremden Thematik möglicherweise nicht gleich erschließen. Die Autorin schafft es, das Textverstehen zu erleichtern, indem sie Beispiele aus der Erfahrungswelt der Leser:innen wählt und Sätze nicht mit Informationen überfrachtet.

Vorschläge für eine Unterrichtseinheit

Einstiegssequenz

... **über Illustrationen aus dem Buch:** Die Lehrkraft zeigt Illustrationen aus dem Buch und regt ein Unterrichtsgespräch über das Gesehene an.

... **über ein Experiment:** Die Lehrkraft stellt ein Experiment zum Thema »Treibhauseffekt« vor.

Rezeption des Buchs

Für Schüler:innen im Grundschulalter stellt das Vorlesen neben dem gemeinsamen Erlesen einen zentralen Zugang dar. Während des Vorlesens unterstützt das Zeigen der farbenfrohen Zeichnungen den vorgetragenen Text. Für größere Gruppen können zentrale Abbildungen kopiert und laminiert werden – wird später nochmals in kleineren Gruppen vorgelesen, kann das Sachbilderbuch selbst immer wieder gezeigt werden. Das Innehalten an einzelnen Textstellen führt zum Austausch über das bereits Gehörte. Nach dem Vorlesen werden letzte Verständnisfragen geklärt und es schließen sich vertiefende Erarbeitungen (siehe Kopiervorlagen) an.

Rundum-Vorlesen

Schüler:innenaktiv und ansprechend ist es auch, den Text gemäß der Schüler:innenanzahl in kleine Abschnitte zu zerschneiden und diese fortlaufend zu nummerieren. Nun wird die Geschichte von Anfang bis Ende gemeinsam gelesen und jedes Kind trägt dazu bei.

Nacherzählen

Wichtige Inhalte können anhand von Illustrationen nacherzählt werden, z. B. S. 44/45: Produktionsprozess der Jeans oder S. 46/47: Viele Dinge wirft man am Ende wieder weg. Darüber hinaus können relevante Stellen der Lektüre immer wieder mündlich zusammengefasst werden, um das Verständnis zu sichern.

Vertiefende Auseinandersetzung

Um sich mit dem Inhalt vertiefend auseinanderzusetzen, könnte man gemeinsam mit den Schüler:innen

- Überschriften zu den Textabschnitten formulieren. Dabei müssen der Text und die Bilder vorab in thematische Abschnitte unterteilt werden.
- ein eigenes Sachbilderbuch zum Thema erstellen.
- eine Lieblingstextstelle auswählen und die Auswahl begründen.

Bilddetektive

Eine Aufgabe, die sowohl ein Erinnern des Inhalts als auch ein Wiederfinden einzelner Handlungsereignisse auf den Bildseiten notwendig macht, bestünde darin, Fragen zu den Bildern im Buch zu stellen, z. B.: Auf einem Bild sind Planeten zu sehen, auf welchem? Warum sind dort die Planeten abgebildet? Es ist sinnvoll, insbesondere nach versteckten Details in den Bildern suchen zu lassen, um die Wahrnehmung zu schulen.

Lapbook

Eine attraktive Alternative zum herkömmlichen Lesetagebuch ist die Erstellung eines Lapbooks. Ein Lapbook ist eine kleinere oder größere Mappe, die sich mehrfach aufklappen lässt und in die kleine Faltbüchlein (Leporellos, Stufenbücher, Kreisbücher usw.), Taschen, Klappkarten, Pop-ups, Umschläge mit Kärtchen usw. eingeklebt werden. So bietet sie immer wieder neue Überraschungen. Es ist eine hochmotivierende Präsentationsform für individuelle Lernergebnisse, die anhand von Lernangeboten gesammelt werden.

Weitere Arbeit mit dem Buch

Eine Auswahl an Aufgaben zur Vertiefung auf verschiedenen Ebenen und Schwierigkeitsstufen bieten die Kopiervorlagen (**k.1–k.14**). Die Angaben der Klassenstufen dienen als Orientierung. Die Seiten können entweder im Klassenverband gemeinsam bearbeitet oder im Rahmen einer Lerntheke angeboten werden. Dann legen die Kinder selbst die Reihenfolge fest, in der sie die Aufgaben bearbeiten wollen. Die Unterrichtsstunden können so gegliedert werden, dass jeder freien Arbeitsphase eine Einstimmungsphase vorangestellt wird und auf jede Arbeitsphase eine Abschlussrunde folgt. In der Abschlussrunde präsentieren die Schüler:innen ihre Arbeitsergebnisse.

Auf den Kopiervorlagen werden folgende Symbole zur Verdeutlichung der Aufgabenstellung verwendet:

 lesen

 malen

 suchen

 ausschneiden

 schreiben

 erzählen

Profiaufgaben sind mit einem Stern markiert.

SPRACHLICHE ASPEKTE UND IDEEN FÜR DEN UNTERRICHT

Die Texte sind verständlich geschrieben und eher kurz gehalten. Die Autorin verzichtet auf verschachtelte und komplexe Satzstrukturen. Allerdings sind einige Texte mit einem Fachwortschatz gespickt, der den Kindern erklärt und mit ihnen erarbeitet werden sollte.

Wortschatzarbeit

In den Texten des Bilderbuchs sind viele Wörter der Wortfelder »Wetter« und »unsere Erde«, zahlreiche Adjektive und Gegensatzpaare sowie Zeitangaben zu finden. Die Wortschatzarbeit ergibt ein großes sprachdidaktisches Potenzial.

Lernen eines Wortschatzes heißt, Wörter unter verschiedenen Aspekten (z. B. Schreibung, Lautung) wahrzunehmen, zu verstehen, zu memorieren und anzuwenden. Die Welt der Wörter und ihrer Beziehungen eröffnet Schüler:innen Erkenntnisse und Einsichten zu einem Thema. Wortschatzarbeit kann dies in entscheidender Weise unterstützen. Neben der Bedeutung der neuen Wörter, die mit dem Wörterlexikon memoriert werden kann, ist auch ihre Schreibung wichtig. Die Wortschatzliste im Anhang (**k.1**) kann auf unterschiedlichste Art eingeübt und wiederholt werden. Die Wortkärtchen können ausgeschnitten und

- genutzt werden, um die Wörter im Text aufzufinden.
- zum Bingo spielen genutzt werden.
- von den Kindern pantomimisch umgesetzt und erraten werden.
- zur Übung der Pluralbildung genutzt werden.
- zur Übung der Konjugation von Verben genutzt werden.
- zur Adjektivsammlung genutzt werden, um die Funktion von Adjektiven zu thematisieren. Was machen Adjektive mit den Nomina?

Es können darüber hinaus Oberbegriffe gesammelt und Cluster zu den einzelnen Themen/Kapiteln des Buchs erstellt werden.

Besondere Rechtschreibphänomene

In den Texten lassen sich einige **Verben mit Doppelkonsonanten** sowie **Komposita** finden. Dazu können einige Übungen angeboten werden:

- Wörter mit Doppelkonsonanten sowie Komposita im Text auffinden (siehe **k.1**, **k.5**)
- Übungen zu Komposita und Wörtern mit Doppelkonsonanten (siehe **k.1**, **k.5**)
- Spielen mit Wörtern: Welche Art von Bäumen kennst du? Laubbaum? Weihnachtsbaum?

Sich wiederholende grammatische Phänomene

Die Autorin setzt zahlreiche **Adjektive** ein, um ihre Texte zu beleben. Die Leser:innen können sich so besser vorstellen, wie etwas vermutlich aussieht. Auch zu den Adjektiven können zahlreiche Übungen angeboten werden, siehe z. B. **k.2** und **k.3**.

Neben Adjektiven lassen sich viele **Zeitangaben** – heute, früher, gestern, in der Zukunft – im Text finden. Auch sie können gut für weitere Übungen genutzt werden (**k.6**).

Schreibanlässe

Zusätzlich ermöglichen produktive Schreibanlässe eigene, kreative Zugänge. Diese können bereits während des ersten Lesens verortet werden: Ein Innehalten auf S. 56 könnte zum Beispiel zum Verfassen kleiner Texte zu der Frage »Wie und wo kaufst du und deine Familie ein?« einladen.

Ebenso kann der Dialog auf S. 57 zum produktiven Schreibanlass werden: ein Gespräch zwischen zwei Personen auszuagieren, die sich über das Für und Wider der veganen Ernährung unterhalten.

Darüber hinaus bieten Schreibanlässe mit Perspektivenwechsel die Möglichkeit, vorhandene Textstrukturen mit dem eigenen Textverständnis zu verbinden: Würdest du mit dem Fahrrad fahren, um die Umwelt zu schonen? Denkbar wäre auch, die Schüler:innen Bilderrätsel zu den Illustrationen schreiben zu lassen, die die Mitschüler:innen erraten müssen. Für schreibschwächere Schüler:innen könnten niederschwellige Lernangebote, wie zum Beispiel das Beschriften von Illustrationen oder das Schreiben von Sätzen mit einem vorgegebenen Wortschatz, angeboten werden.

Weitere Ideen für eine Schreibwerkstatt zum Buch

- Akrostichon zu (Fach-)Begriffen aus dem Buch
- Gedichte zum Thema (Elfchen, Haiku)
- freies Schreiben zu den Illustrationen im Buch
- Berichte zu Themen aus dem Buch
- Briefe an Politiker:innen und Umweltschützer:innen
- Inhaltsangaben und Zusammenfassungen von Kapiteln des Buchs

KÜNSTLERISCH-KREATIVE ASPEKTE UND IDEEN FÜR DEN UNTERRICHT u.5

Die Illustrationen im Bilderbuch sind farbenfroh und eher als naiv zu beschreiben. Die Menschen und Tiere sind sehr schematisch gezeichnet.

Bild und Text funktionieren hier mit unterschiedlicher Ausrichtung zusammen. Zunächst haben die Zeichnungen illustrierenden Charakter, sie bilden den Text ab und unterstützen damit das Verstehen. Die Abbildungen liefern aber auch Informationen über den Text hinaus. Hierbei hat die Grafikerin Infografiken und Sprechblasen eingesetzt. Wichtige Dinge werden in den Kontrast- und Signalfarben gemalt (S. 34 Sonnenstrahlen).

Die Illustrationen des Sachbilderbuchs eignen sich für vielfältige Aufträge zum künstlerischen Gestalten und Werken im Rahmen der ästhetischen Bildung.

Es können **Landschaften** erschaffen und Modelle im Buch betrachtet werden. Diese Landschaften können aus

- Papier und Farbe,
- Schuhkarton und Knete,
- Pappmaché
- oder Ton

gestaltet werden.

Eine Expedition in die Arktis

Es wäre auch eine Gruppenarbeit zum Thema »Eine Expedition in die Arktis« denkbar. Nach der Bildbetrachtung (S. 14/15) sollen die Schüler:innen einen Ort in der Arktis imaginieren und ihn auf große Bildformate malen. Genauso könnte eine Expedition

- in den Regenwald,
- in die Welt der Dinosaurier,
- ins Meer,
- unter die Erde oder
- ins Weltall

ausgearbeitet werden.

Unsere Erdkugel steht Kopf

Bezug nehmend auf die Illustration auf S. 44 können die Kinder eine große Erdkugel mit den Ländern und den Meeren zeichnen. Zusätzlich können Dinge, die man auf der Welt sehen kann, um den Umriss herum gezeichnet werden.

KlimaART

Die Schüler:innen können großformatige Bilder anfertigen, auf denen sie ihre Ideen, Vorstellungen und Assoziationen zum Thema »Klimawandel und seine Auswirkungen auf unsere Welt« frei mit Farbe gestalten.

Fabrikcollagen

Angeregt durch die Illustrationen auf S. 40/41 können große Fabrikcollagen entstehen. Die Schüler:innen können hierzu Zeitungen durchstöbern und passende Gebäude ausschneiden und aufkleben.

Erdschichten als Modell

Um die Erdschichten darzustellen und deren Aufbau zu verstehen, können die Kinder im Wald Naturmaterialien sammeln und die einzelnen Schichten anschließend in einer durchsichtigen Kiste – so sind die Schichten von außen zu sehen – nachbauen und beschriften.

Umweltkunst oder Kunst begegnet Klimawandel

Die Idee, Kunst mit Umweltthemen zu verbinden, ist nicht neu. Mit den Schüler:innen könnten Werke von Alexander von Humboldt (Werke seiner Entdeckungsreisen) betrachtet werden. Viele zeitgenössische Künstler:innen haben sich mit dem Thema beschäftigt. Den Schüler:innen könnten die Kunstprojekte dieser Künstler:innen vorgestellt und die Frage diskutiert werden, wie Kunst unseren Umgang mit Energie nachhaltig verändern und wie sie auf den Klimawandel reagieren kann. Auf diese Fragen kann mit den Schüler:innen in der Kunstwelt nach Antworten gesucht werden.

Animations- und Werbefilme produzieren

Zahlreiche Künstler:innen haben Kunstfilme zum Thema »Klimawandel und Klimaschutz« geschaffen. Im Anschluss an die künstlerischen Impulse können die Schüler:innen eigene Projekte verfolgen und selbst Kurzfilme produzieren.

Plakate für den Umweltschutz

Lassen Sie die Schüler:innen Plakate gestalten, die zum Umweltschutz aufrufen.

Weitere Ideen für den Kunstunterricht

- Häuser aus PET-Flaschen
- Upcycling
- Installationen zum Thema
- Vulkane auf Tonkarton mit Zuckerkreide
- Assemblagen aus Müll
- Kunst aus Naturmaterialien

Infoblätter

© Saad Hamza

Zur Autorin Kristina Scharmacher-Schreiber

i.1

Kristina Scharmacher-Schreiber studierte Germanistik in Münster und Bergamo, schrieb währenddessen für verschiedene Zeitungen und war dann viele Jahre für große Opernhäuser tätig. Seit 2016 ist sie freie Autorin und Übersetzerin, hat mehrere Kindersachbücher veröffentlicht und liebt die Vielfalt der Inhalte, mit denen sie sich dabei auseinandersetzen darf.

Weitere Veröffentlichungen

- ICH: Mein Körper & meine Gedanken – eine Entdeckungsreise. 2020, Circon Verlag
- Verborgene Welt der Wölfe. 2020, Sophie Verlag
- Verborgene Welt des Regenwaldes. 2020, Sophie Verlag
- Bahnhof: Mit anderen Augen (Rundherum & Mittendrin). 2017, Circon Verlag
- Stadt: Mit anderen Augen (Rundherum & Mittendrin). 2017, Circon Verlag
- Zoo: Mit anderen Augen (Rundherum & Mittendrin). 2018, Circon Verlag

Interview mit Kristina Scharmacher-Schreiber: »Fast alles, was man tut, wirkt sich ein bisschen auf das Klima aus«

i.2

Kristina Scharmacher-Schreiber über ihr Leben als Autorin, ihre Freude am Laufen und ihren Wunsch, dass wir alle ein wenig umweltbewusster leben.

Sind Sie eine Klimaschützerin?

Das hoffe ich jedenfalls! Ich versuche so umweltfreundlich wie möglich zu leben, um das Klima zu schützen.

Fahren Sie bewusst mit dem Fahrrad statt mit dem Auto?

Ich fahre tatsächlich ganz bewusst nur sehr, sehr selten mit dem Auto. Mit dem Fahrrad fahre ich allerdings auch fast nie, denn leider wohne ich in einer nicht besonders fahrradfreundlichen Stadt. Das finde ich sehr schade. Aber ich laufe viel und gern und habe das Glück, dass ich in meinem Alltag so gut wie alle Wege zu Fuß erledigen kann. Und wenn das mal nicht klappt, ist die nächste U-Bahn nicht weit entfernt.

Welches ist Ihre Lieblingsstelle und Ihr Lieblingsbild im Buch?

Mein Lieblingssatz aus dem Buch lautet: »Fast alles, was man tut, wirkt sich ein bisschen auf das Klima aus.« Denn dieser Satz macht wirklich nachdenklich. Was im ersten Augenblick vielleicht fast übertrieben klingt, stellt sich beim näheren Hinschauen doch als absolut wahr heraus. Und es ist nicht nur eine schlechte, sondern auch eine gute Nachricht. Denn wenn sich fast alles, was wir tun, auf das Klima auswirkt, können wir ja auch jede Menge unternehmen, um das Klima zu schützen.

Die Bilder finde ich alle wunderbar! Stephanie Marian ist es hervorragend gelungen, mit ihren Illustrationen komplizierte Sachverhalte darzustellen und gleichzeitig kindgerecht, witzig und unterhaltsam zu sein.

Wie entstehen Ihre Kinderbücher – von der ersten Idee bis zur Veröffentlichung?

Wenn ich Sachbücher wie »Wie viel wärmer ist 1 Grad?« schreibe, dann sitze ich erst einmal im stillen Kämmerlein und lese und lese und lese, bis ich selbst das Gefühl habe, so gut über das Thema Bescheid zu wissen, dass ich eigene Texte darüber schreiben kann. Dann überlege ich mir, was für Kinder an diesem Thema interessant sein könnte, und spreche auch gern mit Kindern darüber, welche Fragen sie zu dem Thema haben oder welche Aspekte sie besonders beschäftigen. Ich erstelle einen Seitenplan, lege also fest, worum es auf welcher Seite gehen soll, und erst dann fange ich mit dem Schreiben an. Zwischendurch berate ich mich immer wieder mit meiner Lektorin im Verlag über die Inhalte und die Texte. Wenn die Texte fertig sind, wird illustriert. Und zum Schluss wird im Verlag alles zu einem Buch zusammengefügt, die Texte werden hin und her geschoben, die Schrift verändert, alles wird zigmal korrigiert, bis alle zufrieden sind – die Illustratorin, die Lektorin und ich – und das Buch endlich in den Druck geht. Das ist immer ein sehr aufregender Moment!

Die Kinder meiner Klasse wollten wissen, wieso Sie so viel über den Klimawandel wissen. Sie fragten sich, ob Sie Wissenschaftlerin sind?

Nein, das bin ich nicht. Jedenfalls keine Naturwissenschaftlerin. Ich habe mich nur sehr, sehr gründlich informiert. Und ich hatte beim Schreiben des Buchs einen Klimaforscher an meiner Seite. Ihn konnte ich jederzeit mit Fragen löchern und er hat immer wieder nachgeschaut, ob in meinen Texten auch alle Fakten richtig sind, ob nichts fehlt und alles korrekt ausgedrückt ist.

Welche Botschaft möchten Sie den Kindern mit Ihrem Buch vermitteln, oder welche Botschaften halten Sie für Kinder für besonders wichtig?

Dass wir nicht machtlos sind. Dass jeder etwas tun kann. Natürlich ist niemand perfekt, aber wir alle können in unserem Alltag viele kleine Entscheidungen treffen und damit durchaus helfen, das Klima zu beeinflussen. Mir sind aber auch die Seiten über Politik und Wissenschaft wichtig, um die Kinder wissen zu lassen: Die Verantwortung für die Erderwärmung bzw. dafür, diese Erderwärmung zu begrenzen, liegt nicht allein bei ihnen! Es müssen auch im Großen Dinge verändert werden, neue Strukturen und Möglichkeiten geschaffen werden. Zum Beispiel: Wer häufiger mit dem Rad fahren will, braucht dafür erst einmal gute Fahrradwege. Und die können die Kinder natürlich nicht selbst bauen.

Leben Sie umweltbewusst und haben Sie deshalb das umweltfreundliche Papier für Ihr Buch ausgesucht?

Ja, ich lebe umweltbewusst! Das Papier habe ich allerdings nicht selbst ausgesucht. Dafür dass das Buch auf umweltfreundlichem Wege produziert und dafür umweltfreundliche Materialen verwendet wurden, hat der Verlag, Beltz & Gelberg, gesorgt.

Wo und wann schreiben Sie Ihre Bücher? Und wie lebt man so als Autorin?

Meine Bücher schreibe ich zu Hause. Allerdings fast nie an meinem Schreibtisch, sondern besonders gern an unserem Esstisch. Ich habe feste Arbeitszeiten, immer bis zum frühen Nachmittag, dann kommt meine Tochter aus dem Kindergarten. Manchmal bin ich aber auch unterwegs, zu Lesungen, zu Buchmessen oder auch zu Treffen mit Lektor:innen oder Illustrator:innen.

Vielen Dank, Frau Scharmacher-Schreiber!

Interview: Anja Schirmer (Oktober 2020)

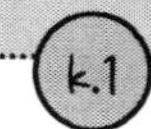

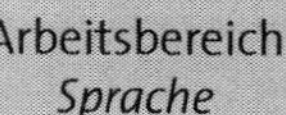

Wie-viel-wärmer-ist-1-Grad-Wortschatz (1)

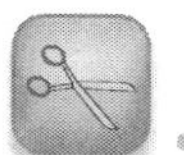

1. Hier findest du viele wichtige Wörter aus dem Buch.
   1. Schneide die Kärtchen aus.
   2. Suche dir Aufgaben zum Wortschatz aus:
      a) Sortiere alle Wörter nach dem Alphabet.
      b) Schreibe die Wörter in dein Heft.
      c) Schreibe die Wörter als Laufdiktat.
      d) Schreibe Sätze mit den Wortkarten.
      e) Überlege dir eigene Aufgaben mit den Wortkarten.

Nomen:			
die Erde	das Wetter	die Temperatur die Temperaturen	das Meer die Meere
die Sonne die Sonnen	die Luft	der Wind die Winde	die Energie die Energien
das Tier die Tiere	der Sturm die Stürme	das Europa	der Fluss die Flüsse
die Messung die Messungen	der Ort die Orte	das Land die Länder	die Pflanze die Pflanzen
das Licht die Lichter	die Kleidung	der Kreislauf die Kreisläufe	die Landschaft die Landschaften
das Lebensmittel die Lebensmittel	die Region die Regionen	der Weltraum	der Norden
der Wald die Wälder	der Baum die Bäume	das Wasser	der Sommer
der Winter	der Frühling	der Herbst	das Lebewesen die Lebewesen
das Klima	der Klimawandel	der Klimaschutz	das Grad die Grade
das Treibhausgas die Treibhausgase	die Wüste die Wüsten	der Äquator	der Süden

Arbeitsbereich *Sprache*

Wie-viel-wärmer-ist-1-Grad-Wortschatz (2)

Verben:			
messen ich messe ich maß ich habe gemessen	nennen ich nenne ich nannte ich habe genannt	können ich kann ich konnte ich habe gekonnt	essen ich esse ich aß ich habe gegessen
treffen ich treffe ich traf ich habe getroffen	sollen ich soll ich sollte ich habe gesollt	nachdenken ich denke nach ich dachte nach ich habe nachgedacht	leben ich lebe ich lebte ich habe gelebt
sammeln ich sammle ich sammelte ich habe gesammelt	freisetzen ich setze frei ich setzte frei ich habe freigesetzt	trennen ich trenne ich trennte ich habe getrennt	wegwerfen ich werfe weg ich warf weg ich habe weggeworfen
Adjektive:			
alt älter am ältesten	schnell schneller am schnellsten	warm wärmer am wärmsten	heiß heißer am heißesten
neu neuer am neuesten	langsam langsamer am langsamsten	kalt kälter am kältesten	kühl kühler am kühlsten
groß größer am größten	klein kleiner am kleinsten	leicht leichter am leichtesten	schwer schwerer am schwersten
kurz kürzer am kürzesten	lang länger am längsten	häufig häufiger am häufigsten	niedrig niedriger am niedrigsten
frisch frischer am frischesten	stark stärker am stärksten	schwach schwächer am schwächsten	teuer teurer am teuersten
Zeitangaben:			
das Jahr	der Monat	der Tag	heute
morgen	gestern	Jahrtausend	übermorgen
über viele Jahre	monatelang	vorgestern	die Sekunde
die Stunde	die Minute		

Arbeitsbereich
Sprache

Auf der Erde wird es immer wärmer

1. Fülle das Klima-Abc aus. Wähle nur Wörter, die im Buch vorkommen.

A ______________________ N ______________________

B ______________________ O ______________________

C ______________________ P ______________________

D ______________________ Q ______________________

E ______________________ R ______________________

F ______________________ S ______________________

G ______________________ T ______________________

H ______________________ U ______________________

I ______________________ V ______________________

J ______________________ W ______________________

K ______________________ X ______________________

L ______________________ Y ______________________

M ______________________ Z ______________________

2. Schreibe deine Lieblingswörter in Regenbogenschrift in dein Heft. Male auch dazu.

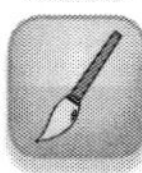

3. Schreibe einige Sätze oder eine Mini-Geschichte mit deinen Lieblingswörtern in dein Heft.

4. Falte ein Papier zu einem Büchlein. Schreibe die Wörter zum Beispiel nach dem Abc sortiert in das Büchlein und male dazu.

Arbeitsbereich
Sprache

Klima und Wetter sind nicht das Gleiche

1. Wenn das Klima sich verändert, kann man das nicht sehen. Das Wetter kannst du hingegen beobachten. Du siehst, ob es regnet oder ob die Sonne scheint.

a) Kannst du das Wort *Klima* erklären? Besprich dich mit deinem Partnerkind und schreibt eure Erklärung in eure Hefte.

b) Das Klima kann man in einer Region oder in einem Land beschreiben. Was messen die Forscher dafür? Schreibe es in die Kästchen.

2. Es gibt verschiedene Klimazonen. Beschrifte die Erde und ordne die Klimazonen zu.

Polare Zone	Subpolare Zone	Tropen
Subtropen	Gemäßigte Zone	

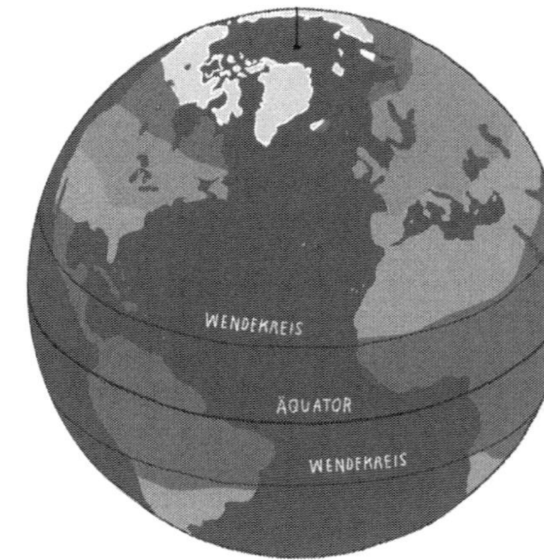

* **Profiaufgabe:** Beschreibe die Klimazonen und schreibe dazu kurze Informationstexte in dein Heft.

3. Was teilt man noch in Zonen ein? Überlege mit deinem Partnerkind und schreibt eure Ideen in eure Hefte.

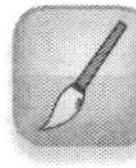

4. Adjektive können das Wetter und das Klima gut beschreiben. Male immer die Gegensatzpaare mit derselben Farbe aus.

feucht	heiß	kalt	hoch
beständig	trocken	niedrig	windstill
warm	bitterkalt	windig	unbeständig

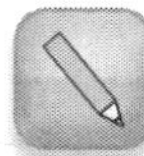

* **Profiaufgabe:** Schau aus dem Fenster. Wie ist das Wetter? Schreibe einen kurzen Wetterbericht. Setze die Adjektive ein.

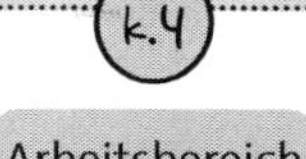

Arbeitsbereich
Sprache

Der Treibhauseffekt

1. Hast du dir schon einmal Gedanken darüber gemacht, was der Treibhauseffekt ist? Wie würdest du ihn jemandem erklären?

a) Gestalte ein Cluster zum Thema „Treibhauseffekt". Schreibe das Wort in die Mitte.

Lies dir die Seiten 34 bis 41 noch einmal durch.

b) Schreibe dann außen herum alles auf, was dir dazu einfällt.

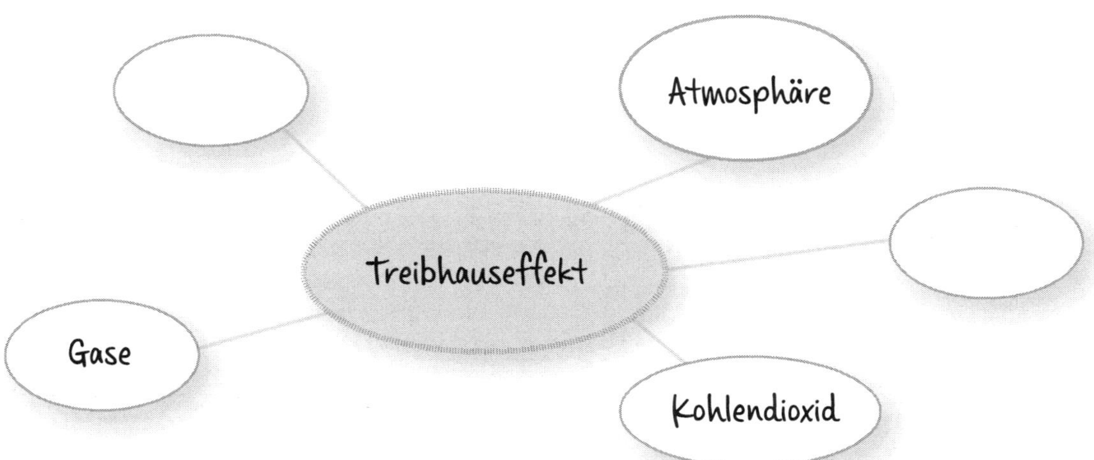

2. Findest du die 12 Wörter zum Thema „Treibhauseffekt"? Male sie bunt an.

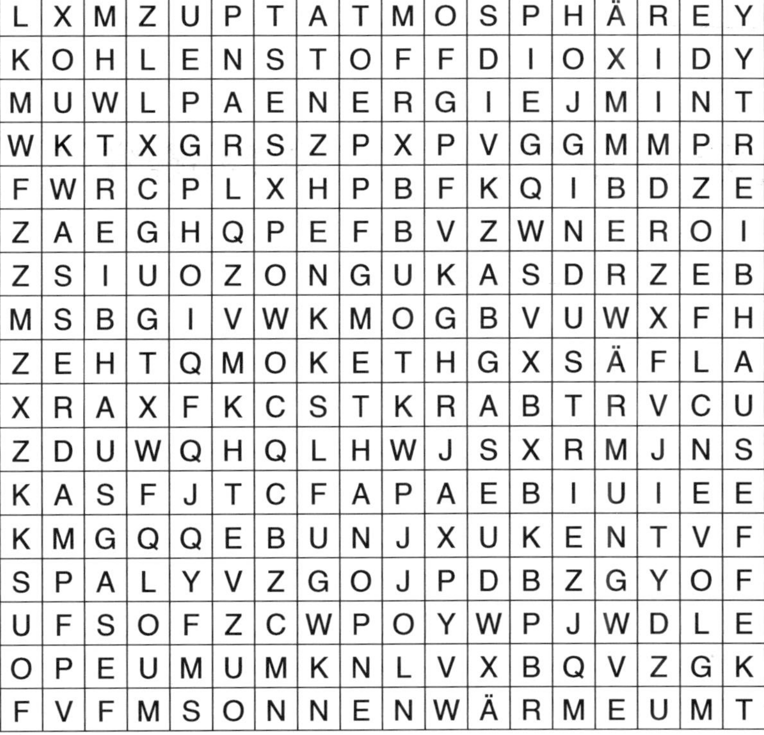

L	X	M	Z	U	P	T	A	T	M	O	S	P	H	Ä	R	E	Y
K	O	H	L	E	N	S	T	O	F	F	D	I	O	X	I	D	Y
M	U	W	L	P	A	E	N	E	R	G	I	E	J	M	I	N	T
W	K	T	X	G	R	S	Z	P	X	P	V	G	G	M	M	P	R
F	W	R	C	P	L	X	H	P	B	F	K	Q	I	B	D	Z	E
Z	A	E	G	H	Q	P	E	F	B	V	Z	W	N	E	R	O	I
Z	S	I	U	O	Z	O	N	G	U	K	A	S	D	R	Z	E	B
M	S	B	G	I	V	W	K	M	O	G	B	V	U	W	X	F	H
Z	E	H	T	Q	M	O	K	E	T	H	G	X	S	Ä	F	L	A
X	R	A	X	F	K	C	S	T	K	R	A	B	T	R	V	C	U
Z	D	U	W	Q	H	Q	L	H	W	J	S	X	R	M	J	N	S
K	A	S	F	J	T	C	F	A	P	A	E	B	I	U	I	E	E
K	M	G	Q	Q	E	B	U	N	J	X	U	K	E	N	T	V	F
S	P	A	L	Y	V	Z	G	O	J	P	D	B	Z	G	Y	O	F
U	F	S	O	F	Z	C	W	P	O	Y	W	P	J	W	D	L	E
O	P	E	U	M	U	M	K	N	L	V	X	B	Q	V	Z	G	K
F	V	F	M	S	O	N	N	E	N	W	Ä	R	M	E	U	M	T

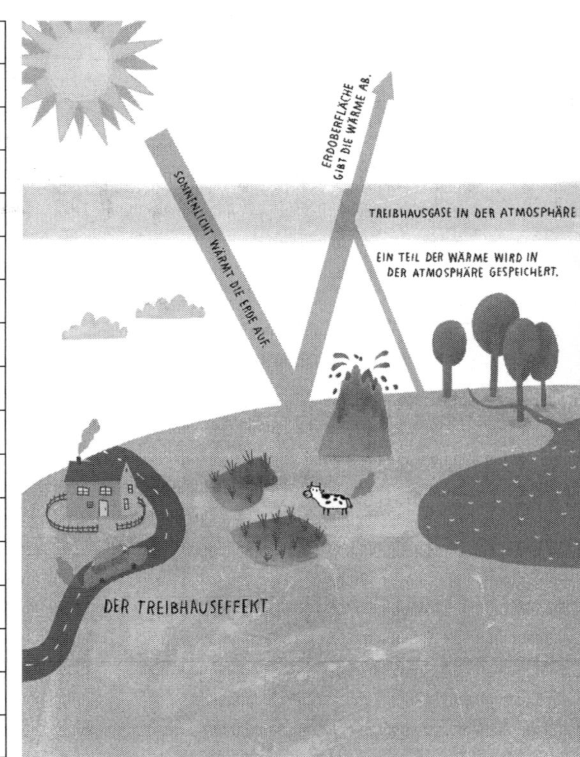

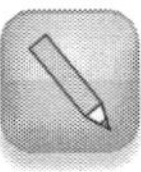

* **Profiaufgabe:** Schreibe Sätze mit den Wörtern aus dem Rätsel in dein Heft.

Arbeitsbereich *Sprache*

Auf der ganzen Welt steigt der Meeresspiegel

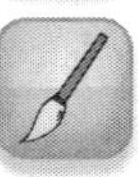

1. Finde 10 zusammengesetzte Nomen. Schreibe sie in dein Heft und male dazu.

die Erde	die Sonne	das Licht	der Brand
die Sonne	das Klima	die Wärme	die Zeit
das Eis	der Wald	die Zone	die Erwärmung
der Regen	die Sonne	der Spiegel	der Wald
die Sonne	das Meer	der Brand	die Strahlen

die Sonne + die Wärme = die Sonnenwärme

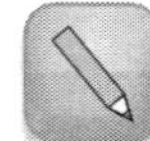

2. Finde noch mehr zusammengesetzte Wörter im Buch und schreibe sie auf.

* **Profiaufgabe:** Schreibe dann auf, was die Nomen bedeuten. Schreibe so in dein Heft: *Das Sonnenlicht ist das Licht, das die Sonne abgibt.*

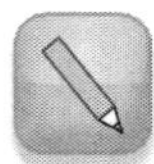

3. Findest du noch mehr zusammengesetzte Nomen zu diesen Wörtern? Schreibe sie in dein Heft.

Meer- Regen- Luft- Welt- Leben-

Das Klima von 100 000 Jahren

Zeitangaben sagen uns, wann etwas passiert.

1. Fülle die Kästchen aus. Schreibe zuerst das Datum von heute auf.

heute ☐☐.☐☐.☐☐☐☐

vorgestern	☐☐.☐☐.☐☐☐☐	morgen	☐☐.☐☐.☐☐☐☐
gestern	☐☐.☐☐.☐☐☐☐	übermorgen	☐☐.☐☐.☐☐☐☐

2. Schreibe alle Monate auf.

_______________ _______________ _______________

_______________ _______________ _______________

_______________ _______________ _______________

_______________ _______________ _______________

3. In welchem Jahr lebst du? ☐☐☐☐

Welches Jahr ist in 10 Jahren? ☐☐☐☐

Welches Jahr ist in 1000 Jahren? ☐☐☐☐

Welches Jahr haben wir in 1 Million Jahren? ☐☐☐☐☐☐☐

4. Wie stellst du dir die Welt in 1000 Jahren vor? Male ein Bild dazu.

* **Profiaufgabe:**
Wie sah die Welt vor 1000 Jahren aus? Schreibe einen Bericht in dein Heft.
Wie sah die Welt vor 1 Million Jahren aus? Schreibe einen Bericht in dein Heft.

5. Woher wissen wir, wie das Klima früher war? Lies dazu auf den Seiten 25, 28 und 30 nach. Tausche dich mit deinem Partnerkind aus und schreibt eure Meinung auf.

Arbeitsbereich
Sachunterricht

Am Nordpol geht besonders viel Eis verloren

Versuche zum Treibhauseffekt

Durch den Klimawandel ist es auf der Erde so warm geworden, dass riesige Eisflächen in Grönland und in der Arktis schmelzen.

1. Der Versuch zeigt dir, was durch den Treibhauseffekt passiert.

Das brauchst du:
- zwei Schalen, jeweils mit Eiswürfeln gefüllt
- eine Stoppuhr
- eine Glasschüssel

So gehst du vor: Stelle zwei Schalen mit Eiswürfeln in die Sonne. Über eine Schale stülpst du die Glasschüssel. Miss mit der Stoppuhr, wie lange es dauert, bis das Eis in den beiden Schalen jeweils vollständig geschmolzen ist. Was kannst du beobachten?

Erwärmt sich das Klima weiter ungebremst, könnte das Eis in Grönland ganz abschmelzen. Das hätte große Auswirkungen auf den Wasserstand in den Meeren, der Meeresspiegel würde ansteigen. Inseln könnten dann vom Meer überschwemmt werden und Menschen sowie Tiere würden ihren Lebensraum verlieren.

2. Der nächste Versuch zeigt dir, was genau passiert.

Das brauchst du:
- ein Glas
- Wasser
- eine Schale
- einen Filzstift
- Eiswürfel

So gehst du vor: Nimm das Glas und stelle es in eine Schale. Fülle das Glas halb voll mit Wasser.

Markiere den Wasserstand mit einem Filzstift. Gib dann vorsichtig einige Eiswürfel in das Glas.

Die Eiswürfel stellen das Eis auf dem Festland dar, z. B. in Grönland. Durch den Klimawandel schmilzt das Eis und Eisblöcke können ins Meer (in unserem Versuch in das Glas) rutschen.

1. Was passiert mit dem Wasserstand, wenn du die Eiswürfel dazugibst?

☐ steigt ☐ sinkt ☐ bleibt gleich

2. Was passiert mit dem Wasserstand nach dem Schmelzen des Eises?

☐ steigt ☐ sinkt ☐ bleibt gleich

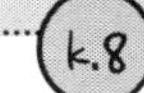

Arbeitsbereich
Lesen und Sachunterricht

In der Natur ist alles aufeinander abgestimmt

1. Lies dir die Seiten 70 und 71 noch einmal aufmerksam durch. Ergänze dann den Lückentext.

Die Tiere und Pflanzen, die einen ____________________ teilen, sind voneinander ______________. Wenn sich etwas ändert, bringt das alles aus dem ____________________. Clownfische verstecken sich in den Tentakeln der Seeanemonen vor ____________. Sterben die ____________, verlieren sie ihren ____________________. Das Meer nimmt zusätzliches ____________________ auf, das die ____________ verursachen. Die ____________________ hat sich in den letzten ________ Jahren um ___ Grad erwärmt.

2. Die Zerstörung der Wälder, vor allem die Abholzung des Regenwaldes, führt zu großen Problemen. Lies auf den Seiten 72 und 73 nach. Welche Aussagen stimmen? Schneide die Kärtchen mit den richtigen Aussagen aus und klebe sie in dein Heft.

Vor 50 Jahren gab es doppelt so viel Regenwald wie heute.	Die Regenwälder werden abgeholzt und Bäume verbrannt. Dabei entsteht Öl.	In Europa wachsen die Bäume langsamer, wenn die Sommer zu heiß sind.
Es gibt zu viele Bäume. Deshalb ist die Abholzung des Regen-waldes sinnvoll.	Durch die Abholzung des Regenwaldes verlieren viele Tiere und Pflanzen ihren Lebensraum.	Die Regenwälder werden abgeholzt und Bäume verbrannt. Dabei entsteht Kohlendioxid.
Die Menschen zerstören auf der ganzen Welt Fußballfelder.	Vor acht Jahren gab es doppelt so viel Regenwald wie heute.	Die Menschen zerstören auf der ganzen Welt riesige Waldflächen.

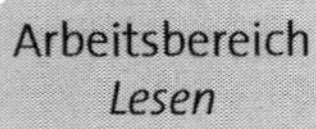

Arbeitsbereich *Lesen*

Viele Dinge wirft man am Ende wieder weg

1. Lies dir die Seiten 46 und 47 noch einmal aufmerksam durch. Markiere, was stimmt. Die Buchstaben ergeben ein Lösungswort.

	richtig	falsch
Viele Dinge wirft man am Ende wieder weg, die dann auf dem Müll landen.	T	P
Macht man aus alten Sachen neue, spart man Gemüse und Obst.	O	R
Die Herstellung von Plastik kostet viel Erdöl und Energie und verursacht Treibhausgase.	E	D
Wenn wir Plastik wegwerfen, zum Beispiel alte Flaschen, wird die Hälfte nicht recycelt, sondern verbrannt.	I	U
Abfälle aus Küche und Garten werden in die Papiertonne geworfen.	K	B
Das Verbrennen von Restmüll verursacht Kohlendioxid.	H	V
Papier und Pappe kommen zum Altglas.	T	A
Da nicht jeder Müll richtig entsorgt wird, ist die Welt voller Plastik.	U	N
Plastik verrottet prima und wird immer weniger.	E	S
Wenn Plastik im Meer herumschwimmt, setzt es Treibhausgase frei.	G	S
Durch die Sonnenstrahlen zerfällt Plastik in kleine Teilchen und gibt Methan und Gas ab.	A	P
Wenn man aus Müll neue Produkte entstehen lässt, nennt man das Recycling.	S	I

Lösungswort:

2. Schaut in eure Mülleimer im Klassenraum. Überlegt zu zweit, was man mit dem Müll noch machen könnte. Schreibt oder malt eure Ideen auf.

3. Was könnte man alles aus Plastikmüll herstellen? Überlege mit deinem Partnerkind und gestaltet ein Plakat.

Arbeitsbereich
Lesen

„Ewig nach einem Parkplatz suchen, nein, danke“

1. Lies dir die Seiten 48 und 49 noch einmal aufmerksam durch. Kreuze an, was stimmt.

- ☐ Durch Flugzeuge, Straßenbahnen, Busse und Autos gerät viel Kohlenstoffdioxid in die Luft.
- ☐ Durch Fahrräder und Fußgänger gerät viel Kohlenstoffdioxid in die Luft.

- ☐ Öffentliche Verkehrsmittel verursachen pro Person weniger Treibhausgase als Autos.
- ☐ Öffentliche Verkehrsmittel verursachen pro Person mehr Treibhausgase als Autos.

- ☐ Der Einfluss von Flugzeugen auf den Treibhauseffekt ist besonders groß.
- ☐ Der Einfluss von Flugzeugen auf den Treibhauseffekt ist besonders klein.

- ☐ Flugzeuge werden mit Kerosin angetrieben, das wie Benzin und Diesel aus Erdöl hergestellt wird.
- ☐ Flugzeuge werden mit Karotten angetrieben, die wie Benzin und Diesel aus Erdöl hergestellt werden.

- ☐ Flugzeuge verbrennen Kerosin. Dabei entsteht Kohlendioxid.
- ☐ Flugzeuge verbrennen Kerosin. Dabei entsteht Kohlsuppe.

2. Hier kannst du dein Wissen prüfen! Was stößt wie viel Treibhausgase aus? Ordne die Fahrzeuge den Grammzahlen zu. Verbinde.

Auto
Zug
Straßenbahn
Fahrrad
Flugzeug
Bus

ca. 140 Gramm
ca. 65 Gramm
0 Gramm
ca. 47,5 Gramm
ca. 75 Gramm
ca. 200 Gramm

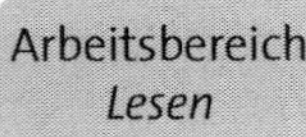

Zu Hause braucht man ständig Energie

1. Schlag die Seiten 50 und 51 auf. Zu Hause braucht man ständig Energie.

a) Male deine Wohnung oder dein Haus. Male die Dinge in dein Zuhause, die viel Energie benötigen.

b) Lies dir die Checkliste durch. Kreuze an, wie du Energie sparen kannst. Achtung! Vier Aussagen sind nicht richtig!

Checkliste

1. Fenster gut schließen, damit die Wärme nicht entweicht. ☐
2. Bilder aufhängen. ☐
3. Fenster nur kurz öffnen, dafür mehrmals am Tag. ☐
4. Fenster putzen. ☐
5. Das Licht ausschalten. ☐
6. Das Licht immer anschalten. ☐
7. Geräte nicht auf Stand-by lassen. ☐
8. Heizung den ganzen Tag laufen lassen. ☐
9. Beim Lüften Heizung ausstellen. ☐

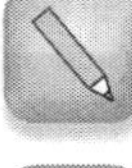

2. Was kann man tun, um Energie zu sparen? Überlege mit einem Partnerkind und gestaltet jeder einen Infoflyer, den ihr zu Hause aufhängen könnt.

3. Du möchtest zum Klimaschutz beitragen und überlegst, was du verändern könntest. Welchen der folgenden Vorschläge würdest du beachten? Was wäre dir wichtig? Kreise ein.

Urlaub in Deutschland statt eine Flugreise nach Indien

Licht aus!

Fahrrad fahren statt mit Bahn und Bus

Alles auf Stand-by!

Duschen statt baden

Regionale Lebensmittel kaufen

Fallen dir noch mehr Beispiele ein? Schreibe deine Beispiele ins Heft.

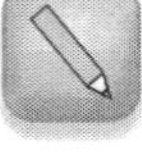

4. Gestalte ein Plakat für das Schulhaus, auf dem du für die Unterstützung des Klimaschutzes wirbst.

Überschrift: *Unsere klimafreundliche Schule*

Arbeitsbereich
Lesen

Politiker überlegen sich Lösungen zum Schutz des Klimas

In einem Klimaabkommen haben 196 Länder vereinbart, dass die Erwärmung der Erde gestoppt werden soll.

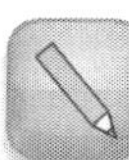

1. Schreibe die vier Vereinbarungen des Pariser Abkommens auf.

PARISER ABKOMMEN

1. ______________________________

2. ______________________________

3. ______________________________

4. ______________________________

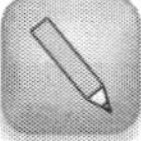

2. Was sagen die Politikerinnen und Politiker? Schreibe in die Sprechblasen.

3. Was würdest du noch bestimmen, damit der Klimawandel gestoppt wird, wenn du Politikerin oder Politiker wärst? Tausche dich mit einem Partnerkind aus.

Arbeitsbereich
Lesen

Für die Jahreszeiten ist die Sonne verantwortlich

1. Findest du das Bild, zu dem die Beschreibung passt? Schreibe in das Kästchen, auf welcher Seite du es gefunden hast.

Eine Familie feiert Weihnachten. Der Vater hat eine Nikolausmütze auf. Seite ☐	Auf dem Bild sieht man sieben Pinguine. Seite ☐	Drei Vögel und ein Vogelnest sind zu sehen. Seite ☐
Eine Verkäuferin ist zu sehen. Sie verkauft Äpfel, Zwiebel, Birnen und Kartoffeln. Seite ☐	Man sieht ein Plakat, auf dem steht: Es ist noch nicht zu spät. Seite ☐	Es sind fünfunddreißig Fußabdrücke zu sehen. Seite ☐
Auf dem Bildschirm eines Fernsehers ist ein Waldbrand zu sehen. Seite ☐	Es sind ein Affe, ein Kakadu und ein Boot zu sehen. Seite ☐	Fünf Kinder machen eine Schneeballschlacht. Seite ☐

* **Profiaufgabe:** Denke dir weitere Bilderrätsel aus. Die anderen Kinder müssen sie dann lösen.

2. Das Bilderbuch hat viele schöne Bilder. Welches Bild gefällt dir am besten? Male es auf ein Blatt.

3. Das Klima verändert sich auch ganz natürlich. Das hat etwas mit der Sonne und dem Mond zu tun. Du kannst dazu auf der Seite 32 nachlesen. Male anschließend unser Sonnensystem.

Menschen und Tiere setzen Kohlendioxid frei

Menschen und Tiere setzen Kohlendioxid frei, Pflanzen bauen es wieder ab.

1. Wie viele Bäume benötigt man, um eine bestimmte Menge an Kohlendioxid abzubauen? Zeichne die Bäume in die Tabelle ein. Schau auf den Seiten 90 und 91 nach.

Flug von Frankfurt nach New York	
Flug von Berlin nach Paris	
1 Jahr lang tierische und pflanzliche Lebensmittel essen	
1 Jahr lang Auto fahren	
1 Jahr Stromverbrauch	
1 Woche Kreuzfahrt	
Wie viele Bäume würde man benötigen, wenn man alles zusammen tun würde?	

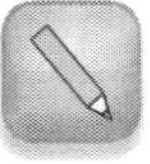

2. Was könnte man tun, um das Gleichgewicht im Kohlenstoffkreislauf wiederherzustellen?

3. Was spart Treibhausgase und schont das Klima? Lies dir die Seiten 92 und 93 noch einmal durch. Verbinde jedes Bild mit der passenden Aussage.

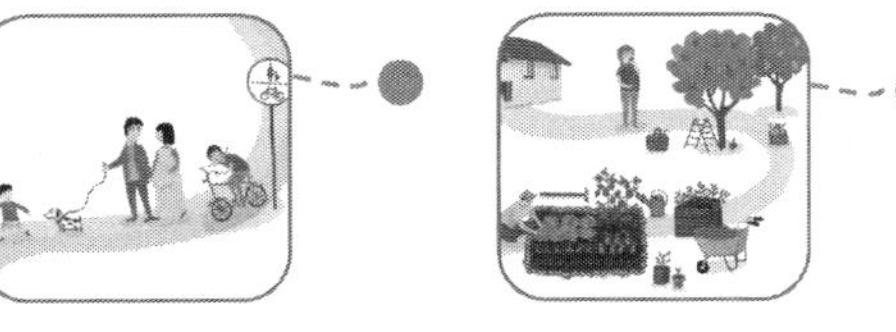

- Radfahren und Spazierengehen!
- Häuser dämmen und Energie sparen!
- Einkaufen ohne Verpackungen!
- Bienenhäuser aufstellen!
- Wiederverwendung von Produkten, die weggeworfen wurden!
- Freie Flächen für Obst und Gemüse!

Lösungen

1. **Klima-Abc**

A	Atomkraft	N	Nordpol
B	Baumsterben	O	Öl
C	Chemie	P	Pflanzen
D	Deich	Q	Quallen
E	Energie	R	retten
F	Fluss	S	Sonne
G	Grad	T	Treibhauseffekt
H	Hitze	U	Unwetter
I	Informationen	V	Vulkanausbruch
J	Jahr	W	Wüste
K	Klima	X	--
L	Luft	Y	--
M	Meer	Z	Zeit

k.3

4. heiß / bitterkalt
windig / windstill
hoch / niedrig
feucht / trocken
warm / kalt
beständig / unbeständig

k.5

1. der Sonnenbrand, die Sonnenstrahlen, das Sonnenlicht, die Klimazone, der Regenwald, die Eiszeit, die Sonnenwärme, der Waldbrand, der Meeresspiegel, die Erderwärmung

der Sonnenbrand	die Eiszeit
die Sonnenstrahlen	die Sonnenwärme
das Sonnenlicht	der Waldbrand
die Klimazone	der Meeresspiegel
der Regenwald	die Erderwärmung

1. Lückentext:
Die Tiere und Pflanzen, die einen **Lebensraum** teilen, sind voneinander **abhängig**. Wenn sich etwas ändert, bringt das alles aus dem **Gleichgewicht**.
Clownfische verstecken sich in den Tentakeln der Seeanemonen vor **Feinden**. Sterben die **Korallen**, verlieren sie ihren **Lebensraum**.
Das Meer nimmt zusätzliches **Kohlenstoffdioxid** auf, das die **Menschen** verursachen.
Die **Meeresoberfläche** hat sich in den letzten **150** Jahren um **1** Grad erwärmt.

2.
   - Vor 50 Jahren gab es doppelt so viel Regenwald wie heute.
   - In Europa wachsen die Bäume langsamer, wenn die Sommer zu heiß sind.
   - Durch die Abholzung des Regenwaldes verlieren viele Tiere und Pflanzen ihren Lebensraum.
   - Die Menschen zerstören auf der ganzen Welt riesige Waldflächen.
   - Die Regenwälder werden abgeholzt und Bäume verbrannt. Dabei entsteht Kohlendioxid.

1. Lösungswort: Treibhausgas

1.
   - Durch Flugzeuge, Straßenbahnen, Busse und Autos gerät viel Kohlenstoffdioxid in die Luft.
   - Öffentliche Verkehrsmittel verursachen pro Person weniger Treibhausgase als Autos.
   - Der Einfluss von Flugzeugen auf den Treibhauseffekt ist besonders groß.
   - Flugzeuge werden mit Kerosin angetrieben, das wie Benzin und Diesel aus Erdöl hergestellt wird.
   - Flugzeuge verbrennen Kerosin. Dabei entsteht Kohlendioxid.

2.

Fahrrad	0 Gramm
Zug	ca. 47,5 Gramm
Straßenbahn	ca. 65 Gramm
Bus	ca. 75 Gramm
Auto	ca. 140 Gramm
Flugzeug	ca. 200 Gramm

1.
   - Eine Familie feiert Weihnachten. Der Vater hat eine Nikolausmütze auf. – Seite 21
   - Auf dem Bild sieht man sieben Pinguine. – Seite 65
   - Drei Vögel und ein Vogelnest sind zu sehen. – Seite 73
   - Eine Verkäuferin ist zu sehen. Sie verkauft Äpfel, Zwiebel, Birnen und Kartoffeln. – Seite 60
   - Man sieht ein Plakat, auf dem steht: Es ist noch nicht zu spät. – Seite 86
   - Es sind fünfunddreißig Fußabdrücke zu sehen. – Seite 88
   - Auf dem Bildschirm eines Fernsehers ist ein Waldbrand zu sehen. – Seite 23
   - Es sind ein Affe, ein Kakadu und ein Boot zu sehen. – Seite 16
   - Fünf Kinder machen eine Schneeballschlacht. – Seite 15

1.

Flug von Frankfurt nach New York	6 Bäume
Flug von Berlin nach Paris	1 Baum
1 Jahr lang tierische und pflanzliche Lebensmittel essen	4 Bäume
1 Jahr lang Auto fahren	4 Bäume
1 Jahr Stromverbrauch	2 Bäume
1 Woche Kreuzfahrt	4 Bäume
Wie viele Bäume würde man benötigen, wenn man alles zusammen tun würde?	21 Bäume